Ist Deutschland noch zu retten?

Am Vorabend einer neuen Diktatur?

Eberhard Kleina

Arbeitsgemeinschaft
Weltanschauungs-
fragen e.V.
AG WELT

LICHTZEICHEN
VERLAG

Eberhard Kleina
Ist Deutschland noch zu retten?
Am Vorabend einer neuen Diktatur?
1. Auflage 2020
© Arbeitsgemeinschaft Weltanschauungsfragen e.V.
© Lichtzeichen Verlag GmbH
Coverbild: Shutterstock: 513232615, Skreidzeleu
ISBN: 978-3-86954-486-1
BN: 548486

Inhaltsverzeichnis

Ist Deutschland noch zu retten?

Am Vorabend einer neuen Diktatur?

1. Einleitung: Der neue Lebensalltag

Deutschland im Spätherbst 2020. Beim Einkaufen im Geschäft, bei der Fahrt mit der Bahn, im Bus oder wo auch immer in der Öffentlichkeit, man begegnet zahlreichen Leuten mit Gesichtsmasken. Manchmal sind diese bunt koloriert, manchmal beschriftet, manche erscheinen sogar irgendwie modisch, meist aber sind sie eintönig hellblau oder weiß. Die Menschen scheinen sie aus Angst, aber auch aus Überzeugung zu tragen, aus Angst vor gefährlichen Corona-Viren, um sich selbst oder andere nicht zu infizieren. Selbst einsame Fahrradfahrer und Spaziergänger, fern von anderen Leuten, haben sie bisweilen vor dem Gesicht. Die intensiven Warnungen von Politik und Medien sind bei den meisten auf fruchtbaren Boden gefallen. Wenige Personen nur, die keine Maske haben. Einige von ihnen besitzen ein Attest und dürfen sie aus gesundheitlichen Gründen nicht tragen, manche weigern sich grundsätzlich. Wer keine Maske trägt, läuft allerdings Gefahr, schief angesehen oder gar persönlich angegangen zu werden. In einem von mittlerweile vielen Erfahrungsberichten, die man im Internet findet, heißt es:

„Heute war ich bei Aldi in Herten-Scherlebeck. Da sprach mich ein Kunde an, ob ich meine Maske vergessen hätte. Als ich ihm sagte, ich sei per Attest befreit, schrie er mich an, ich solle draußen bleiben. Als ich ihn fragte, ob es ihm noch gut gehe, vergrößerte er den Abstand auf mindestens 5 m, vermutlich weil er glaubte, daß ich wohl infiziert sei, und rief immer wieder, ich solle den Laden verlassen. Diese Aggression ist dem Verhalten von Spahn, Merkel, RKI (Anm.: Robert-Koch-Institut) & Co. zuzurechnen, die offenbar nicht mehr wissen, welchen Schaden sie an der Bevölkerung anrichten. Sie ignorieren, daß die Selbstmordfälle in den letzten Monaten zugenommen haben, daß die zunehmende Arbeitslosigkeit die Menschen tief verzweifeln läßt, daß die Schließung der Ladenlokale und Gaststätten viele Gewerbetreibende ruiniert. Hoffentlich werden die Politiker, die für diesen Wahnsinn verantwortlich sind, zur Rechenschaft gezogen. Ein großes Lob an die Angestellten bei Aldi, die mich natürlich nach der Maske fragten. Nachdem ich das Attest vorgezeigt hatte, war alles o.k." [1]

Ähnliche Erfahrungen machen immer mehr Bürger. Kunden ohne Masken in Supermärkten wurden sogar schon tätlich angegriffen, andere von der Polizei abgeführt. Durch hysterisch-angstvolle Kunden kann der Einkauf zum Spießrutenlauf werden. Es wird höchste Zeit, daß der Bundesgesundheitsminister öffentlich erklärt, man solle doch bitte Rücksicht nehmen auf die Mitmenschen, die aus gesundheitlichen Gründen keine Maske tragen dürfen und die ein Attest haben. Sonst nimmt man auf körperlich Behinderte ja auch Rücksicht.

Corona-Jahr 2020. Das Volk ist durch die Corona-Maßnahmen tief gespalten, nicht selten bis in die Familien, Freundschaften und Nachbarschaften hinein. Begegnet man Menschen, die man kennt, erscheinen sie mit Maske merkwürdig fremd und unpersönlich, irgendwie gleichgeschaltet. Da Nase und Mund bedeckt sind, bleibt auch die Mimik verborgen, ein wichtiger Teil der Kommunikation fällt damit aus. Überhaupt ist die Unterhaltung schwieriger geworden, die Worte des anderen kommen durch die Maske schlechter an. Leute mit Gesichtsmaske kannte man bis dahin nur aus dem Krankenhaus oder von seinem Zahnarzt, jetzt sind sie Teil des Alltags geworden. Der Mund-Nasen-Schutz ist vom Staat streng dort vorgeschrieben, wo Menschen dicht beieinander sind. Bestraft werden kann, wer ihn nicht trägt. Wer die letzten Jahrzehnte und Jahre bewußt miterlebt hat, glaubt seit 2020 in einer anderen Welt angekommen zu sein. Dies ist nicht mehr das Land, das man bis dahin kannte. Bei den folgenden Ausführungen legen wir das Hauptaugenmerk auf Deutschland, ohne dabei aber die großen Zusammenhänge zu vernachlässigen.

2. Das Jahr 2020, als die Corona-Angst begann

Wenig bekannt ist, daß bereits gegen Ende des Jahres 2019, also noch vor dem Auftreten von Corona, alle die Zustände und Maßnahmen im vorhinein bedacht und durchgeplant wurden, die wir heute im Zusammenhang mit dem Virus kennen und erleiden. Am Vormittag des 18. Oktober 2019 fand in New York der sog. **„Event 201"** statt. Das war eine internationale Zusammenkunft von 15 hochkarätigen Leuten aus Wirtschaft, Politik und Medien. Die Teilnehmer kamen aus den USA und aus anderen Ländern. Auch ein Vertreter der Lufthansa war dabei. Durchgeführt wurde der „Event 201" von dem **World Economic Forum**

(Weltwirtschaftsforum), der **John-Hopkins-Universität,** sowie der **Bill & Melinda Gates Foundation** (Bill-und-Melinda-Gates-Stiftung). An einem U-förmigen Tisch wurde in einem mehr als dreistündigen „Sandkastenspiel" fast deckungsgleich der Ablauf der später weltweit ausgerufenen „Pandemie" vorweggenommen. Einen besonderen Schwerpunkt bei den Beratungen bildete der Aspekt Kommunikation und Medien.

Als fiktiven Fall nahm man den Ausbruch eines neuen SARS-ähnlichen aggressiven Corona-Virus an, das in Schweinefarmen in Brasilien aufgetreten und auf Menschen übergegangen sei. Durch Flugreisende seien die Viren in die USA, nach China und in die ganze Welt gelangt, eine „Pandemie" müsse ausgerufen werden, die Regierungen der Länder müßten tätig werden. Die Zahlen der Infizierten und Toten würden sich zunächst jede Woche verdoppeln, die wirtschaftlichen und sozialen Folgen würden immer heftiger. Das Ende des Szenarios war: Nach 18 Monaten habe die „Pandemie" weltweit 65 Millionen Tote gefordert. Entweder habe man nun ein Medikament, also einen Impfstoff gefunden oder 80 bis 90% der Erdbevölkerung würden noch von dem Virus befallen. Soweit das „Event 201"-Planspiel![2]

Das Erstaunliche nun: Etwa zwei Monate später wurde das fiktive Planspiel in New York tatsächlich Wirklichkeit, die Parallelen zum heutigen Geschehen sind unübersehbar. Zufall oder eine geplante Pandemie, sozusagen eine Plandemie? Das ist schwer zu durchschauen, aber doch wahrscheinlich. Die gleichgeschalteten weltweiten Anti-Corona-Maßnahmen der Staaten, etwa der Stillstand des wirtschaftlichen und öffentlichen Lebens, Maskenpflicht usw., könnten in der Tat auf die Anregungen des Planspiels zurückgehen. Was sind das für Institutionen, die den „Event 201" durchgeführt haben?

Das **World Economic Forum** (WEF, Weltwirtschaftsforum) ist eine private Einrichtung und wurde 1971 von Prof. Klaus Schwab begründet, einem Wirtschaftswissenschaftler. Auf alljährlichen Konferenzen in Davos/Schweiz beschäftigt man sich mit Problemen der großen Weltpolitik (Wirtschaft, Währungen, Flüchtlinge, Migration, Terrorismus, Entwicklungsländer, Klima, Bargeldabschaffung usw.). Wer Rang und Namen hat in der großen Politik, in der Wissenschaft, im Wirtschafts- und Währungsbereich, führende Intellektuelle, Vertreter der Religionen, Journalisten und andere treffen sich in Davos. Auch zahlreiche deutsche Politiker haben schon an den Zusammenkünften teilgenommen, unter anderem Frau Merkel. Man bespricht und überlegt Weichenstellungen, wie die Probleme der Welt zu meistern und die Welt zu verbessern sei, wie ihr Überleben gesichert werden könne, kurz: wie die Welt von morgen zu gestalten sei. Nötig sei, wie es in diesen Kreisen heißt: „Der große Neustart", „The Great Reset". Dabei gehen die Vorstellungen in Richtung einer neuen ökosozialistischen Weltordnung mit einer Welt-Einheits-Regierung. Um das zu erreichen, müsse unter anderem eine komplette digitale Überwachung aller Erdenbürger installiert werden.[3]

Die **Bill & Melinda Gates Foundation** (Bill-und-Melinda-Gates-Stiftung) ist eine private Stiftung und erhielt ihren jetzigen Namen im Jahr 1999. Tonangebend ist einer der reichsten Männer der Welt, der super-milliardenschwere Mitbegründer von Microsoft, Bill Gates und seine Frau Melinda. Aufgabe der Stiftung ist, sich um die weltweite Verbesserung der Gesundheitsvorsorge zu kümmern, Armut und Krankheiten zu bekämpfen. Nicht zufällig ist Bill Gates daher einer der Hauptakteure im heutigen Corona-Geschehen. Die erwähnte **John-Hopkins-Universität**, wieder eine private Einrichtung, hat ihren Sitz in Baltimore/USA und wird von Gates mit Millionengeldern finanziert. In den letzten 10 Jahren erhielt sie mehr als 200 Millionen Dollar.[4] Gates gehört zu der globalen und schwerreichen Machtelite, die man als Global Players bezeichnet, als Weltpolitiker. Es sind Leute, die meist diskret im Hintergrund ihre Fäden ziehen, um durch Einflußnahme auf Regierungen ihre Utopie von der „Neuen Weltordnung", von der „Einen Welt" anzustreben und durch Unterlaufen der Demokratie sowie durch Formung eines neuen Menschen den gehorsamen Einheitsmenschen zu verwirklichen.[5] Bemerkenswert dabei ist: Weltwirtschaftsforum, John-Hopkins-Universität und Bill-und-Melinda-Gates-Stiftung sind allesamt private Einrichtungen, sind also nicht demokratisch legitimiert, und doch nehmen sie einen enormen Einfluß nicht nur auf die Weltpolitik, sondern auch, wie wir beim Corona-Geschehen merken, sogar auf das Leben eines jeden einzelnen von uns.

Wie das Weltwirtschaftsforum, so setzt sich auch Bill Gates für die digitale Überwachung aller Menschen ein. Gates will dazu speziell die Impfung nutzen, wie er in einem Interview am 24. März 2020 betonte, der Deutschlandfunk berichtete. Der zu erstellende Impfnachweis sei kein Papier, das man verlieren oder fälschen könne. Und das gehe so: *Die Kamera der Grenzbehörde oder auch am Eingang des Fußballstadions erkennt an meinem Gesicht, ob ich geimpft bin. Die Pandemie würde so viel von ihrem Schrecken verlieren. .... Und die Corona-Impfung eröffnet eine einzigartige Gelegenheit, in die digitale Identität von Milliarden Menschen einzusteigen."*[6] Das wäre die totale Überwachung des Einzelnen.

Manche halten Bill Gates für einen Menschenfreund, der sich nur um die Gesundheit der Menschen weltweit kümmere und bestrebt sei, über seine GAVI-Stiftung[7] Impfstoffe zur Gesundheitsvorsorge für Milliarden Menschen zu entwickeln. Andere werfen ihm vor, auf dem Weg von weltweiten Impfkampagnen massiv Einfluß auf Regierungen auszuüben, um noch mehr Geld zu verdienen und seinem Ziel, die Weltbevölkerung zwischen 10 bis 15% zu reduzieren, näher zu kommen. Die Bill-und-Melinda-Gates-Stiftung arbeite nicht zufällig mit der Organisation „Planned Parenthood" (Geplante Elternschaft) zusammen, die schon seit Jahrzehnten für die Tötung von Kindern vor der Geburt eintritt. Der deutsche Zweig von Planned Parenthood ist „Pro Familia". Seit vielen Jahren laufen weltweit Gates' Impfprogramme, vornehmlich in unterentwickelten Ländern wie Nicaragua, Tansania, Südafrika, den Philippinen und anderen. Beklagt und angeprangert werden gravierende Impfschäden, die insbesondere in afrikanischen Ländern aufgetreten seien (Lähmungen, Krampfanfälle, auch Todesfälle, bei Mädchen Sterilisation). Die indische Regierung hat sein Impfprogramm gestoppt, das oberste Gericht des Landes ist eingeschaltet. Weitere Informationen dazu unter www.nichtimpfen.de. Wir werden auf Bill Gates noch mehrfach stoßen. Zunächst aber zu den Ereignissen des Jahres 2020.

Die Welt horchte auf, als im Januar die ersten Berichte aus Fernost von einem angeblich neuartigen gefährlichen Virus bekannt wurden. In der chinesischen Großstadt Wuhan, hieß es, würden immer mehr Menschen an einer lebensbedrohlichen Atemwegserkrankung und Lungenentzündung leiden, hervorgerufen durch das bis dahin unbekannte Corona-Virus SARS-CoV-2. Ursprung dieses Virus soll Fledermausfleisch gewesen sein, das traditionell als Delikatesse auf chinesischen Wochenmärkten angeboten wird und nun auf Menschen übergesprungen sei. Andere Stimmen sprachen von geheimen Versuchen des chinesischen Militärs mit Bio-Kampfstoffen, versehentlich sei dieser Erreger aus dem Labor entwichen und in die Umwelt gelangt.

14

Was auch immer der Ursprung war, die Berichte wurden umgehend von allen Medien weltweit aufgegriffen und die Lage als bedrohlich geschildert. Wir erinnern uns an den „Event 201", wo man die Rolle der Medien besonders im Blick hatte. Als die Millionenmetropole Wuhan dann auch noch von den chinesischen Behörden hermetisch abgeriegelt, unter zeitweilige Quarantäne gestellt und das öffentliche Leben total lahmgelegt wurde, war aller Welt klar: Hier muß es sich wirklich um eine äußerst ernste Gefahr handeln, zumal das Virus sich in Windeseile ausbreiten solle. Tatsächlich berichteten die Medien in der Folgezeit von immer mehr Staaten, wo es auftrat. Schließlich erreichte das Corona-Virus Europa und auch Deutschland. Im März 2020 bezeichnete die Weltgesundheitsorganisation (WHO), deren wichtigster Geldgeber Bill Gates ist[8], die Krankheit als Covid-19 und rief die globale „Covid-19-Pandemie" aus. Von den Medien befeuert, machten sich Ratlosigkeit, Untergangsstimmung und manchmal sogar Hysterie und Panik unter den Menschen breit, weltweit und bei uns auch. Im Fernsehen gab es Berichte aus Norditalien, wo die Viren besonders heftig gewütet haben sollen, die Toten konnten angeblich nicht schnell genug bestattet werden, so daß mit Militär-LKW Dutzende Särge abtransportiert werden mußten. Diese Bilder haben flächendeckend Entsetzen ausgelöst und sich bis heute bei vielen Menschen tief in die Seele eingegraben. Dazu später mehr.

Seit dem Frühjahr 2020 hat das Corona-Virus global die Mehrzahl aller Staaten fest im Griff. Ab März hat sich der Lebensalltag auch für alle deutschen Bürger drastisch verändert, es gilt in der Öffentlichkeit jetzt die sog. „**AHA**-Regel", das bedeutet: **A**bstand halten von mindestens 1,5 Metern zu anderen Personen, auf **H**ygiene achten und **A**lltagsmasken tragen, also einen Mund-Nasen-Schutz. Ordnungsämter und Polizei kontrollieren und verhängen, wie gesagt, wenn nötig Strafen. Wer sich weigert, eine Maske zu tragen, kann mit 200 Euro und mehr zur Kasse gebeten werden. Als eine der ersten Städte hat die NRW-Landeshauptstadt Düsseldorf flächendeckend stadtweit eine Maskenpflicht für Fußgänger im Freien verfügt, Rad- und Autofahrer waren ausgenommen. Wer sich widersetzte und wiederholt ohne Maske angetroffen wurde, sollte mit bis zu 25.000 Euro Bußgeld belegt werden.[9] Zum Glück hob ein Gericht nach Eilanträgen besonnener Bürger diese drastisch überzogene Anordnung wieder auf.

Im Gleichklang suggerieren und indoktrinieren Politik und Medien seit dem Jahresbeginn 2020 bis heute ununterbrochen in einer ständigen Angstkampagne, wie lebensgefährlich das Corona-Virus sei, ein Killervirus, Zehntausende und mehr könnten sterben, weltweit gar Millionen. Tag für Tag werden in den Nachrichtensendungen von Funk und Fernsehen wie in einer Kriegsberichterstattung die Zahlen der Neuinfektionen und der vermeintlich an Corona Gestorbenen in Deutschland bekannt gegeben. Massenhaft werden Tests durchgeführt. Wer positiv getestet wird, auch wenn er keinerlei Krankheitssymptome hat und sich gesund fühlt, muß für 14 Tage in Quarantäne. Man gefährde sich selbst und andere, wenn man die verordneten Einschränkungen nicht befolge. Wir müssen jetzt nicht all die Maßnahmen aufzählen, die ohne Ausnahme jedem einzelnen von uns das alltägliche Leben schwer machen, sie sind ja nur allzu bekannt.

Ab dem 23. März 2020 wurde von der Regierung ein erster völliger Stillstand des öffentlichen Lebens und der Volkswirtschaft verhängt, neudeutsch „Lockdown" genannt, hinzu kam eine Beschneidung der Bewegungs- und Versammlungsfreiheit und zunehmend auch der Meinungsfreiheit. Die Schulen wurden geschlossen, Firmen schickten ihre Mitarbeiter in den Zwangsurlaub. Wer das alles anzweifelte, galt und gilt weiterhin als „Corona-Leugner", ein stigmatisierender Negativ-Begriff, um Kritik zu unterbinden. Nur zögerlich wurde der Stillstand im Sommer wieder gelockert, aber schon mal auf eine mögliche zweite Corona-Welle eingestimmt. Seit Oktober 2020 nun sollen die Zahlen der Corona-Neuinfizierten wieder sprunghaft angestiegen sein, nach der Frühjahrs-Welle sei nun tatsächlich die zweite Welle da.

Zunächst wurden immer mehr lokale Lockdowns verhängt und Risikogebiete ausgewiesen, sozusagen ein Herunterfahren des öffentlichen Lebens auf Raten. Am 28. Oktober 2020 ordnete ein Gremium an, bestehend aus den Ministerpräsidenten aller Bundesländer und der Bundeskanzlerin Merkel, daß ab 2. November für vier Wochen ein weiteres Mal in diesem Jahr ein weitgehender Stillstand des öffentlichen Lebens verhängt wird, der diesmal sogar bis in den privaten Bereich geht.

In einem Haus sollen nicht mehr als 10 Personen aus höchstens zwei Familien zusammenkommen, der SPD-Gesundheitsexperte Lauterbach brachte sogar den Gedanken auf, auch Privatwohnungen zu kontrollieren, was (zunächst) umgehend dementiert wurde.[10] Die Schulen blieben diesmal geöffnet, auch die Firmen, aber Hotels, Gaststätten, sowie alle Unternehmen aus dem Freizeitbereich wie Theater, Kinos, Museen und Sportstudios mußten schließen. Man sprach vom „Lockdown light". Unterdessen wirbt die Regierung, daß man sich eine sog. Corona-Warn-App auf sein Smartphone herunterladen solle. Damit würden, so die Begründung, Risikobegegnungen auf der Straße mit Corona-Infizierten ermittelt, Infektionsketten nachverfolgt und unterbrochen werden. Eine Überwachung des Einzelnen zu seinem Schutz und zum Nutzen aller? Von einer derartigen digitalen Überwachung sprachen ja schon Bill Gates und andere. Man könnte meinen, daß mit Hilfe der „Covid-19-Pandemie" die Menschen sich an ihre Total-Überwachung gewöhnen sollen, die Horror-Vision von George Orwell (1903 - 1950) von einem totalitären Staat scheint Wirklichkeit zu werden.

Schlimm wie schon beim ersten Mal traf es wieder die Bewohner von Alten- und Pflegeheimen, die de facto in einer Gefangenschaft leben müssen, mit streng regulierten Besuchszeiten für ihre Angehörigen. Am 25. November wurden weitere Einschränkungen angeordnet, die Daumenschrauben noch fester angezogen. Es wird immer schwieriger, den Durchblick zu behalten, was erlaubt und nicht erlaubt ist. Auch blieb es nicht bei den vier Wochen Stillstand im November.

In Aussicht gestellt wird ein neuer Impfstoff. Von einem Impfstoff war auch im „Event-201-Planspiel" die Rede, wie wir uns erinnern. Erstmals berichteten die ZDF-Nachrichten am 9. November davon, er solle zu mehr als 90% wirksam sein.[11] Die Regierung will schnell sog. Impfzentren im Land aufbauen, um möglichst viele Menschen in kurzer Zeit impfen zu können, rosige Zeiten für die Pharma-Industrie. Viele hoffen in der Tat auf die Corona-Impfung, damit das Leben wieder so sein möge wie vor Corona. Der amerikanische Pharmariese Pfizer und sein deutscher Partner, die Firma Biontech in Mainz, haben als erste einen neuen Impfstoff entwickelt, und bringen ihn auf den Markt, andere Pharmaunternehmen zogen schnell nach. War es Zufall, daß Bill Gates schon im September 2019 ausgerechnet bei Biontech rund 50 Millionen Euro[12] investiert hat? Der Leser mag hier selbst seine Schlüsse ziehen. Außerdem: Vor einem Impfstoff, der in derart kurzer Zeit mit heißer Nadel gestrickt wurde, kann man nur warnen!

War der erste öffentliche Stillstand im April schon schlimm genug, droht nun als Folge ein Wirtschaftszusammenbruch epochalen Ausmaßes, auch wenn der Staat mit Milliarden Entschädigungsgeldern das abzufangen sucht. Spätestens im Verlauf des Jahres 2021 ist eine Insolvenzwelle von vielen Firmen zu befürchten. Der wirtschaftliche Niedergang ist das eine, die Einschränkung wichtiger bürgerlicher Grundrechte das andere. Die Versammlungs- und Reisefreiheit, sowie die Berufsfreiheit sind noch stärker beschnitten als beim ersten Mal. Mit der Einschränkung der Versammlungsfreiheit leidet zugleich die Religionsfreiheit, da Gottesdienste nur mit begrenzter Teilnehmerzahl möglich sind, und das unter strengen Auflagen, wozu auch das Verbot gehört, im Gottesdienst zu singen. Juristen mögen klären, welche weiteren bürgerlichen Grundrechte noch tangiert sind. Zunächst aber wenden wir uns der Frage zu, welche Bedrohung von dem Corona-Virus wirklich ausgeht.

3. Unbequeme Frage: Ist Corona tatsächlich eine große Gefahr?

Viele Menschen sind aufgrund der Medienberichte in größter Sorge um ihre eigene Gesundheit und die ihrer Angehörigen. Dieser Personenkreis ist nur schwer zugänglich für eine realistische und unaufgeregte Einschätzung, wie groß die Corona-Gefahr wirklich ist. Manche sind völlig blockiert, ein Gespräch, das die Corona-Maßnahmen in Frage stellt, ist nicht möglich. Sie scheinen starr vor Angst, wie gehirngewaschen, Angst, die dann zu ganz irrationalem Verhalten führen kann, wie eingangs in dem Erlebnisbericht aus dem Aldi-Markt in Herten geschildert. Die meisten vertrauen blind der Politik und den Medien und fühlen sich in ihrer Meinung noch dadurch bestärkt, daß viele andere Staaten ähnliche oder sogar noch striktere Einschränkungen als bei uns ergriffen haben. Eine europaweite bzw. eine weltweite Corona-Einheitsfront könne ja nicht falsch liegen. Daß so viele Staaten am gleichen Corona-Strang ziehen, könnte aber damit zusammenhängen, daß die Regierungen meinen, ein neues globales Wirtschafts- und Finanzsystem werde kommen, da das jetzige auf sein Ende zugehe, es sei günstig, sich frühzeitig darauf einzustellen.

Noch befolgt die Mehrheit der Menschen in unserem Land willig die Corona-Anordnungen. Die Zustimmung bröckelt aber. Nach dem ersten Schock im März und April begehren seit dem Sommer immer mehr Leute bei Anti-Corona-Demonstrationen gegen die als unerträglich empfundenen Maßnahmen auf, besonders gegen die Maskenpflicht und die persönlichen Einschränkungen. Man will für seine Gesundheit selbst verantwortlich sein, will ein selbstbestimmtes, nicht vom Staat bevormundetes Leben führen, fordert die im Grundgesetz verbrieften vollen Grundrechte zurück. Medien und Politik, wieder im Gleichklang vereint, weisen die Anliegen der Demonstranten zurück, sie gelten - wie erwähnt - als „Corona-Leugner", werden bisweilen sogar diffamierend als „Covidioten" bezeichnet, die in ihren Reihen „Rechtspopulisten", „Rechtsextreme", „Reichsbürger" und gar „Nazis" hätten. Es sind die leider mittlerweile gewohnten Diskreditierungen mißliebiger Personen, sachliche Auseinandersetzungen finden nicht mehr statt. Die bislang größte und friedliche Demonstration von der Initiative „Querdenken" fand am 7. November in Leipzig mit rund 40.000 Teilnehmern statt, im Fernsehen wurden allerdings nur 20.000 gemeldet. In Italien gab es sogar schon gegen die Corona-Politik, die ähnlich restriktiv wie bei uns ist, erste gewaltsame Proteste und Straßenschlachten mit der Polizei. Hoffentlich droht das nicht auch hier.

Da immer mehr Menschen bezweifeln, daß das Corona-Virus so gefährlich ist, wie von Medien und Politik behauptet, werden zunehmend kritische Fragen gestellt:

- Warum stehen die meisten **Intensiv-Pflegebetten** in deutschen Krankenhäusern leer, die man für Corona-Patienten bereit hält?
- Die Funk- und Fernseh-Nachrichten bringen tagtäglich die angeblich steigende Zahl der Corona-Neuinfizierten. Hängt das aber nicht schlicht und einfach mit den jetzt **massenweise durchgeführten PCR-Tests** zusammen, wo logischerweise dann auch mehr Erkrankte ermittelt werden?
- Wie zuverlässig sind eigentlich diese Tests, wenn ein und **dieselbe Person sowohl negativ als auch positiv getestet** wird, in einem Fall mit probeweise vier Tests, zweimal positiv und zweimal negativ, und das an einem Tag?[13]
- Sind die **Neu-Infizierten gar nur Menschen mit einer banalen Erkältung,** die Jahr für Jahr besonders ab Herbst bis zum Frühjahr auftritt?
- Hätten wir von der „Pandemie" überhaupt etwas bemerkt, wenn nicht **so viel getestet** würde und die Medien nicht so einen Wirbel machten?

- Kann es sein, daß die **Corona-Viren in China deswegen besiegt** sind, weil man dort, wie man hört, nicht mehr testet?
- Immer wieder wird in den Medien auch die **Zahl der an Corona Verstorbenen** gemeldet. Unklar bleibt: Sind die Betroffenen <u>an</u> oder <u>mit</u> Corona verstorben? D.h.: War Corona die alleinige Todesursache oder ist der Verstorbene in Wirklichkeit einer anderen Krankheit erlegen und hatte außerdem noch Covid-19? Warum wird hier nicht sauber unterschieden?
- Warum wird nicht öffentlich gesagt, daß es seit dem „Ausbruch" der „Pandemie" laut Statistik in Deutschland **keine erhöhte Zahl von Sterbefällen** gegeben hat, was ja eigentlich der Fall sein müßte?
- Wenn in der **dunklen Jahreszeit** die Zahl der Sterbefälle höher wird, war das nicht schon immer so?
- Es steht die Drohung im Raum, daß alle Corona-bedingten Beschränkungen erst dann aufgehoben werden, wenn ein **neuer Impfstoff** entwickelt ist. Normalerweise dauert das einige Jahre, jetzt soll es im Schnelldurchgang geschehen. Drohen da nicht **Impfschäden**?[14]
- Droht gar ein **Impfzwang** und ein Ausschluß aus dem öffentlichen Leben für denjenigen, der sich nicht impfen lassen will?

- Wieso hören wir hier in Deutschland seit dem Ausrufen der „Covid-19-Pandemie" fast nur die **Stellungnahmen von zwei Experten,** nämlich von Lothar Wieler, Tierarzt und Direktor des Robert-Koch-Instituts (RIK), der Bundesbehörde für Infektionskrankheiten, sowie von Christian Drosten, Virologe an der Berliner Charite, einem renommierten Krankenhaus, zudem Lehr- und Forschungsstätte, die sich zu 100% im Besitz des Landes Berlin befindet?
- Sind das Robert-Koch-Institut und die Charite **wirklich unabhängig,** wenn das RKI im November 2019 von der Bill-und-Melinda-Gates-Stiftung 250.000 Dollar, die Charite in den Jahren 2019/20 mehr als 300.000 Dollar erhalten haben?[15]
- Wieso holt man nicht von **weiteren Experten Ratschläge** ein? Da die „Covid-19-Pandemie" doch eine so große Gefährdung darstellen soll, müßte die Regierung bzw. der Gesundheitsminister doch froh sein, möglichst viele Experten-Meinungen einzuholen, was bis heute aber nicht der Fall ist.
- **Wie war das mit der Schweinegrippe 2009?** Hatten da nicht auch das RIK und Herr Drosten einen schnell entwickelten Impfstoff empfohlen, mit dem flächendeckend alle Bürger in Deutschland immunisiert werden sollten?

Hatte der Staat damals nicht Millionen Dosen Impfstoff gekauft, die, nicht genutzt, dann in der Müllverbrennungsanlage in Magdeburg vernichtet wurden, weil die Schweinegrippe *„beinahe die harmloseste Grippewelle aller Zeiten war"*?[16]

- Wenn es stimmt, wie anerkannte Experten sagen, daß spätestens **Ende April 2020 die Corona-Welle in Deutschland ausgelaufen war**, warum wurden die Beschränkungen damals nur teilweise und nicht vollständig wieder aufgehoben?

- Wieso wurde ein **zweiter Lockdown** von der Regierung beschlossen, wo der Gesundheitsminister Spahn schon den ersten für einen Fehler gehalten hat? [17]

- Daß die angeordneten **Atemschutzmasken nutzlos und sogar gesundheitsschädlich** sind, ist unter Fachleuten allgemein bekannt. Warum besteht der Staat dennoch darauf?

- Zunächst hatte die Regierung gesagt, die **Masken seien nicht nötig**, wieso schwenkte man kurz darauf um und schrieb sie vor?

- Die Infektionswelle (Influenza) in Deutschland kostete **im Winter 2017/18 etwa 25.000 Menschen das Leben.** Damals war das kein Anlaß zu außerordentlichen Beschränkungen, so wie heute. Warum wird darüber in Politik und Medien nicht gesprochen?

- **Schweden** hat einen völlig anderen Weg in der Corona-Krise beschritten. Es gab keinen wirtschaftlichen und öffentlichen Stillstand, keine Atemschutzmasken usw., nur die Aufforderung an Risikogruppen (besonders alte Menschen mit einer oder mehreren Vorerkrankungen), sich vorsichtig zu verhalten. Schweden ist „über den Berg". Warum bringen die Medien das nicht? Auch in der zweiten Welle hat Schweden im Wesentlichen seinen Kurs nicht geändert.

Bis heute werden derart kritische Fragen weder von der Politik noch von den öffentlich-rechtlichen Medien aufgegriffen und damit leider auch nicht öffentlich diskutiert. Daher ist es nicht verwunderlich, daß die Frage aufkommt: Welche Gründe gibt es dafür? Oder es entsteht gar der Verdacht: Soll hier etwas verborgen werden?

Wie gefährlich Corona tatsächlich ist, können und wollen wir als medizinische Laien nicht entscheiden. Aber es gibt sehr kompetente und zu einem großen Teil international anerkannte und renommierte Experten, die uns Auskunft geben können. Schon im Frühjahr 2020 haben sich Prof.

Dr. Sucharit Bhakdi (Infektions-Epidemiologe, Bakteriologe und Virologe), Dr. Wolfgang Wodarg (Facharzt für innere Krankheiten, Pneumologie und Hygiene), Prof. Dr. Stefan Hockertz (Immunologe und Toxikologe), aus Kalifornien Prof. John Ioannidis (weltweit führender Fachmann für Infektionskrankheiten), aus Italien Prof. Giorgio Palu (international renommierter Virologe) und viele andere zu Wort gemeldet und Einspruch gegen die Corona-Panikmache erhoben und versuchen bis heute, eine sachliche Aufklärung über die überschaubare Gefahr von Covid-19 zu geben. Da sie nicht widerlegt werden können, und an ihrer medizinisch sehr gut begründeten Ablehnung festhalten, müßte auch für Nicht-Mediziner klar sein, daß diese Experten richtig liegen und Politik und staatsfinanzierte Medien eben nicht.

Auch in der Öffentlichkeit wenig bekannte Fachleute melden sich zu Wort. Stellvertretend für viele sei Dr. med. Werner Odenthal genannt, der in 21 Fragen und Antworten aus medizinischer Sicht auf die relative Gefahrlosigkeit von SARS-CoV-2 hinweist. Seine Informationen sind im Internet veröffentlicht, der zweiseitige Text ist übersichtlich, sachlich und leicht lesbar. Es wird dringend empfohlen, diese Seite aufzurufen und in Ruhe zu lesen.[18] Weiter haben 39 deutsche Ärzte am 21.

Oktober 2020 einen offenen Brief an Frau Merkel geschrieben und in einer sachlichen Argumentation auf die nur begrenzte Gefahr der Corona-Viren hingewiesen, sowie auf die gesundheitlichen Folgeschäden bei Fortdauer aller staatlichen Anti-Corona-Maßnahmen. In einem Appell forderten sie deren sofortigen Stop.[19] Leider fanden sie kein Gehör. Weiteres Beispiel: Über Wochen hin gab es die „Corona-Info-Tour" des HNO-Arztes Dr. Bodo Schiffmann, der mit drei weiteren Mitstreitern tagtäglich mit einem Bus mehrere deutsche Städte ansteuerte und auf öffentlichen Plätzen für ca. zwei Stunden eine Corona-Aufklärung durchführte, mit viel Publikum. In den Hauptmedien sucht man die „Corona-Info-Tour" allerdings vergeblich, allenfalls am Rande. Auch die Teilnahme einer großen Zahl von Ärzten und medizinischem Personal an der Anti-Corona-Demo in Leipzig am 7. November 2020 hat die Öffentlichkeit nicht durch die herkömmlichen Medien erfahren, sondern nur durch alternative Medien.

Alle diese Fachleute werden von der Politik und den großen Medien totgeschwiegen, eine öffentliche Auseinandersetzung ist offenbar nicht gewünscht. Will man nur handverlesene, aber keine regierungskritischen Experten zur Kenntnis nehmen? Dr. Bhakdi hat sogar als einer der ersten zusammen mit seiner Frau Prof. Dr. rer. nat. Karina Reiss (Medizinerin, Biologin, Infektiologin) das zum Bestseller aufgestiegene Buch „Corona - Fehlalarm?" geschrieben, wo detailliert und für medizinische Laien verständlich dargelegt wird, daß Corona eben doch kein Killer-Virus ist, sondern nur eine etwas stärkere Erkältungswelle hervorruft. Das Buch wird bis heute in der staatsmedialen Öffentlichkeit konsequent übergangen, als ob es gar nicht geschrieben worden wäre.

Reiss und Bhakti weisen unter anderem darauf hin, daß die vom Staat bei Strafe angeordneten Atemschutzmasken völlig nutzlos sind. Masken halten eben nach ihrer Aussage keine Viren ab, diese würden vom Stoff nicht herausgefiltert, da sie unvorstellbar winzig seien, sondern durchdringen ihn wie ein Vogel, der durch ein weit geöffnetes Fenster fliegt. Die Masken sind nicht nur nutzlos, schlimmer noch: Jedem müßte einleuchten, daß die verbrauchte Atemluft teilweise wieder neu eingeatmet wird (Rückatmung). Diese enthält eine gesundheitsschädliche CO_2-Konzentration, die zehnmal höher liegt als der Grenzwert, der laut Arbeitsstätten-Verordnung in Deutschland am Arbeitsplatz zulässig ist. Kein Wunder, daß besonders Berufstätige, die stundenlang eine Maske tragen müssen, am Abend über Beschwerden klagen. Gefährlich werden können auch die vielen schädlichen Krankheitskeime, die sich in der Maske nach einiger Zeit einfinden und in der feucht-warmen Atemluft prächtig gedeihen, so daß sich Hautausschläge rings um den Mund bilden. Zu den Körperschäden kommen die seelischen Belastungen, die besonders Schulkindern zu schaffen machen können. Das Fazit der Eheleute Reiss und Bhakti: *„Das Tragen einer Maske birgt ernste gesundheitliche Risiken, insbesondere für Menschen mit Lungenerkrankungen, Herzschwäche, aber auch für Patienten mit Angst- und Panikstörungen."*[20] Ist die Volksgesundheit durch die Anti-Corona-Maßnahmen mehr gefährdet als durch die Viren selbst?

Welche Gefahr geht nun von Corona-Viren aus? Was sagen diejenigen Fachexperten, die so ganz anderer Meinung sind als die Regierung und die Medien? Virologen wissen, daß es Corona-Viren schon immer gegeben hat und daß sie wie andere Viren auch ständig mutieren, sich verändern. Sie dürfen keinesfalls verharmlost werden und können tatsächlich eine Gefahr darstellen, das muß klar festgehalten werden. Das gilt aber im wesentlichen nur für Menschen, deren Immunsystem geschwächt ist und die schon eine oder mehrere Vorerkrankungen haben. Dazu zählen insbesondere ältere Menschen. Wenn im Fernsehen die vielen Särge mit angeblich an Corona Gestorbenen in der Stadt Bergamo in Oberitalien zu sehen waren und Angst und Schrecken verbreiteten, so handelte es sich bei den Toten einmal um Menschen mit einem Altersdurchschnitt von mehr als 80 Jahren und zum anderen eben zumeist um Personen, die bereits andere Erkrankungen hatten. Daß die Verstorbenen mit Militär-LKW abtransportiert wurden, lag schlicht an der Tatsache, daß die meisten Bestatter dort laut Dachverband der italienischen Bestattungsbranche in Quarantäne waren. Es war auch nur eine einmalige Aktion.[21] Das wurde allerdings im Fernsehen nicht gesagt, auch nicht, daß das italienische Gesundheitssystem schon lange vor dieser Erkrankungswelle heruntergespart worden war. Das gleiche gilt auch für andere Länder mit einer mangelhaften medizinischen Versorgung, wo wie jetzt in Zeiten erhöhter „Covid-19-Fälle" Menschen wie die Fliegen sterben, wie manche sagen.

Gesunde und immunstarke Menschen sind in der Regel nicht durch Corona-Viren gefährdet. SARS-CoV-2 ist mit dem Influenza-Virus zu vergleichen, infizierte Personen haben meist nur grippale Anzeichen, manchmal nur leichte, häufig gar keine

Symptome. Sie haben nach wenigen Tagen alles wieder abgeschüttelt. Erinnert sei an den US-Präsidenten Trump, der positiv auf Corona getestet worden war und nach drei Tagen das vorsichtshalber aufgesuchte Krankenhaus wieder verlassen hat. Unser Gesundheitsminister Jens Spahn mußte mit seiner Corona-Infektion gar nicht erst ins Krankenhaus und war nach 14 Tagen Quarantäne gesund und munter wieder im Amt.

Corona-Viren sind nun einmal da, es sei noch einmal betont, daß sie für bestimmte Risikogruppen eine Gefahr darstellen. Corona-Viren sind aber keine größere Gefahr als andere Krankheiten, die auch unter bestimmten Voraussetzungen zum Tod führen können, mit denen wir allerdings zu leben gelernt haben. Über die vielen Toten durch resistente Krankenhauskeime regt sich niemand auf, auch nicht über die erwähnte Infektionswelle, die allein in Deutschland im Winter 2017/18 etwa 25.000 Menschen das Leben genommen hat. Nur Corona löst heute eine Panik aus. Oder <u>soll</u> Corona Panik und Angst auslösen? Wurde das gar auf dem „Event-201" besprochen? Wir sollten sachlich und nüchtern mit Corona umgehen und uns nicht durch Politik und Medien von Panik infizieren lassen. Auch sollten wir bedenken, daß der Tod zum Leben gehört. Wer mit dem Gedanken an den eigenen Tod klarkommt und durch seinen Glauben an Jesus Christus weiß, daß er auf das ewige Leben zugeht, der läßt sich nicht so leicht durch die medial aufgebaute Corona-Angst in Panik versetzen und ist vielleicht weniger anfällig für Depressionen.

4. Corona-Maßnahmen-Kritiker haben es schwer

Mehr als 60 Anwälte haben sich in einem offenen Brief an die Bundesregierung gewendet und die gravierenden Verstöße der Corona-Maßnahmen gegen Recht und Gesetz verurteilt: *„Der zweite Lockdown seit dem 2. November ist grob verfassungswidrig und grundgesetzwidrig."*[22] Eine Reaktion der Regierung blieb aus, Strategie des Totschweigens, die schon die kritischen Mediziner kennen. Corona-Maßnahmen-Kritiker werden jedoch nicht nur totgeschwiegen, sondern es wird versucht, diese regelrecht niederzuhalten. Die „Querdenken"-Bewegung, die am 7. November die erwähnte große Anti-Corona-Demonstration im Rahmen der grundgesetzlich garantierten Meinungs- und Versammlungsfreiheit organisiert hat, soll, so eine Überlegung, vom Verfassungsschutz beobachtet werden[23], obwohl sie friedlich ablief und nur hier und da, möglicherweise von eingeschleusten Provokateuren, vereinzelte Übergriffe vorkamen. Auch bei anderen Kundgebungen treten die „Querdenken"-Anhänger als friedliche Demonstranten auf. Heißt das jetzt: Je mehr Kritik, desto mehr Disziplinierung? Den Verfassungsschutz gegen friedliche Bürger einsetzen, nur weil sie eine andere Meinung haben? Kommen DDR-Zustände zurück? So mancher dürfte sich noch an die „Firma Horch und Guck", genannt Stasi, erinnern. Massiver Krawall geht dagegen nicht selten von linksradikalen Antifa-Leuten aus, welche nicht nur die „Querdenker" bedrohen oder gar tätlich angreifen. Man hat den Eindruck, daß sie von Polizei und Justiz eher mit Samthandschuhen angefaßt werden. Wahrscheinlich kommt die Antifa sogar über verschiedene Institutionen an Steuergeld, zum „Kampf gegen rechts".[24] In welchem Land leben wir?

Der Leiter des Gesundheitsamtes Aichach-Friedberg bei Augsburg, der Facharzt und Epidemiologe Dr. Friedrich Pürner, wurde von seinem Dienstherrn strafversetzt. Der alleinige Grund: Er hatte Kritik geübt an der strengen Corona-Politik seines bayerischen Landeschefs Markus Söder, die verordnete Maskenpflicht in Frage gestellt, sowie die Inzidenz-Zahl 50. Das bedeutet: Kommen in einem Bezirk mehr als 50 Corona-neuinfizierte Personen auf 100.000 Einwohner, dann wird dieser Bezirk zum Risikogebiet erklärt. Diese Festlegung sei willkürlich.[25] Dr. Pürner hat sich ausdrücklich auf die ihm als Beamten obliegende Remonstrationspflicht[26] berufen, die im Bundesbeamtengesetz verankert ist und einen Beamten verpflichtet, Weisungen nicht auszuführen, die gesetzwidrig oder schädlich sind. Genützt hat es ihm nicht. Auch die 100 bayerischen Ärzte, die in einem offenen Brief an die bayerische Staatsregierung die Rücknahme der Strafversetzung ihres Kollegen Dr. Pürner forderten, hatten keinen Erfolg.[27]

Es gibt weitere Beispiele für Personen in einem öffentlichen Arbeitsverhältnis, die aufgrund ihrer Kritik an der Corona-Politik dienstrechtlich gemaßregelt wurden. Die Chef-Hygienikerin Prof. Dr. Ines Kappstein hatte sich in einem Facharti-kel kritisch zur Maskenpflicht geäußert: Es gebe keinerlei wissenschaftliche Beweise für die Wirksamkeit einer Maskenpflicht in der Öffentlichkeit. Ihr Arbeitgeber, das Klinikum Passau, distanzierte sich zunächst von ihr.[28] Nun hat man ihr gekündigt mit dem Hinweis, daß eh bereits ein personeller Wechsel geplant gewesen sei. Auch Polizisten im aktiven Dienst, die auf Anti-Corona-Demonstrationen öffentlich Kritik an den Regierungsmaßnahmen übten, bekamen Ärger mit dem Dienstherrn. Sie hatten ausdrücklich erklärt, daß sie als Privatpersonen sprächen mit dem Grundrecht auf freie Meinungsäußerung. Aber es nützte ihnen nicht. Der eine wurde dienstlich überprüft[29], der andere sofort vom Dienst suspendiert.[30] Der Leser mag überlegen, ob der staatliche Dienstherr dieser Beamten auch so reagiert hätte, wenn die beiden öffentlich auf einer „Demo gegen rechts" den immer wieder beschworenen „Rechtspopulismus" angeprangert hätten.

Irritierend ist, wenn Funktionsträger, die nicht einmal im Beamtenverhältnis stehen, Kritik an den Corona-Maßnahmen üben und dann nach heftigen öffentlichen Angriffen die Meinung wechseln. In der Fernsehrunde „Markus Lanz" hatte der Präsident der Bundesärztekammer, Dr. Klaus Reinhardt, bezweifelt, daß das Tragen von Mund-Nasen-Masken einen Nutzen habe. Sofort wurde lautstark sein Rücktritt von dem SPD-Gesundheitspolitiker Karl Lauterbach und anderen gefordert. Dr. Reinhardt knickte ein und ruderte zwei Tage später mit seiner Meinung zurück.[31]

In einem demokratisch verfaßten Staat ist so ein Umgang mit Kritikern ein Unding. Es ist kein Dialog und keine ergebnisoffene Auseinandersetzung mehr, wie sie noch aus früheren Jahren zu umstrittenen Themen üblich war. Unterdrückung und Totschweigen unliebsamer Meinungen kennt man dagegen aus autoritär regierten Staaten. Wohin steuert unser Land?

5.   Die Corona-Angst, ein Mittel der Politik?

Bei Kritikern verfestigt sich immer mehr der Eindruck, daß die Corona-Angst im Volk aufrecht erhalten und nicht abgebaut werden soll. Überraschend kündigte am 2. November, gleich zu Beginn des zweiten Stillstands, der NRW-Ministerpräsident Armin Laschet an, er könne nicht garantieren, daß der Lockdown wie geplant Ende November 2020 auslaufe.[32] Ganz ähnlich der Bundesgesundheitsminister Jens Spahn, der wenige Tage später die Öffentlichkeit darauf einstimmte, daß die Bürger in Deutschland wegen der „Pandemie" noch lange mit persönlichen Einschränkungen zu rechnen hätten. Der Monat November sei ein besonders schwerer Monat: *„Aber wenn*

*wir da durch sein sollten und die Zahlen runter-
brächten* (Anm.: die Zahlen der Neuinfizierten)*,
heißt das ja nicht: Ab Dezember oder Januar kann
es dann wieder richtig überall losgehen und wieder Hochzeitsfeiern und Weihnachtsfeiern geben,
als wäre nichts gewesen. Das wird nicht funkti-
onieren"*, so Spahn.[33] Fast zeitgleich sprang ihm
der Bundeswirtschaftsminister Peter Altmaier zur
Seite, der schätzt, daß die erheblichen Einschränkungen für uns alle noch vier bis fünf Monate bestehen bleiben, da eine Wende bei der Zahl der
Neu-Infizierten noch nicht erreicht sei.[34]

Dies ist ein typisches Muster, wie die Regierung
handelt: Anfang bzw. Mitte November war wahrscheinlich längst intern entschieden, daß die Einschränkungen über den Monat November hinaus
verlängert werden, aber man ließ die Katze noch
nicht aus dem Sack. Durch verschiedene Äuße-
rungen von Politikern in Medien wurde ausgetes-
tet, wie die Reaktionen in der Öffentlichkeit sind.
Da sich kein großes Geschrei erhob, wurde dann
auch am 25. November eine Verlängerung beschlossen. Es sollte nicht überraschen, wenn bis
zu den Bundestagswahlen im September 2021
die Corona-Angst weitergeführt und mit irgend-
welchen Begründungen die Beschränkungen erhalten bleiben, unterbrochen im Sommer von ei-

nigen Lockerungen, um das Volk nicht zu sehr zu verärgern.

Und die Medien? Warum greifen sie das nicht kritisch auf? Waren sie früher nicht stolz auf ihre selbstgewählte Rolle als „Vierte Gewalt" im Staat, die die anderen Staatsgewalten, die Legislative, die Exekutive und die Judikative kritisch unter die Lupe genommen hat? Kritische Fragen zu Corona kommen von ihnen heute nicht, jedenfalls nicht von den herkömmlichen Medien. Könnte das daran liegen, daß die großen Medienhäuser wegen ihrer zumeist linken politischen Überzeugung auf Regierungskurs liegen? Oder sind die beträchtlichen Geldzuwendungen der Grund? Das Magazin „Der Spiegel" beispielsweise bekam 2,3 Millionen US-Dollar von der Bill-Gates-Stiftung, andere erhielten 300.000 US-Dollar, wie „Die Zeit" und weitere Medien.[35] Auch aus Deutschland floß Geld. Am 2. Juli 2020 hat die Bundesregierung beschlossen, Zeitungs- und Zeitschriftenverlagen 220 Millionen Euro zukommen zu lassen, auf mehrere Jahre verteilt, um, wie es hieß, die Medienvielfalt zu erhalten, den Absatz zu fördern, die Digitalisierung auszubauen usw..[36] Schon seit dem Jahr 2015 sollen 200 Millionen Euro an private Druck-, Online- und TV-Medien gezahlt worden sein.[37] Ob da noch eine Unabhängigkeit der

Medien besteht, kann bezweifelt werden. Wir erinnern uns wieder an den „Event 201".

Man kann davon ausgehen, daß der Regierung die relative Harmlosigkeit der Corona-Viren bekannt ist, daß Corona eben nur ein Virus ist, vergleichbar einer mittelschweren Grippe. Dem großen Stab von Mitarbeitern, die für die Regierung alle nur erdenklichen Informationen sammeln, sind natürlich auch die wohlbegründeten Argumente der medizinischen „Corona-Rebellen" bekannt. Wenn trotzdem ein Einlenken des Staates in Sachen Covid-19 nicht geschieht, dann muß das einen triftigen Grund haben. Denn in der Politik geschieht nichts zufällig, wie allgemein bekannt ist. Was aber könnte der Grund sein für die uns alle so sehr belastende Corona-Politik?

Wer mit wachen Augen den gegenwärtigen Zustand unseres Landes betrachtet, wird erkennen, daß die politische Klasse unsere Heimat, Volk und Staat von Grund auf umbauen will, und das nicht erst seit heute. Wichtige Ziele sind:

- **Gender-Ideologie:** Bei Gender geht es nicht allein um die Gleichstellung von Mann und Frau, Gender bedeutet viel mehr. Das bekannteste Beispiel ist die sog. „Ehe für alle". Die herkömmliche Familie (Vater, Mutter, Kinder) soll relativiert und letztlich zerstört werden. Neben dem männlichen und weiblichen Geschlecht sollen viele weitere Geschlechter bestehen, Gottes Schöpfungsordnung („...*und schuf sie als Mann und Frau.*") gilt nicht. Bei Stellenanzeigen von Firmen ist verpflichtend vorgeschrieben „m,w,d" (männlich, weiblich, divers), in die Anzeige zu setzen. Gender befördert die Tötung von Kindern vor der Geburt, was bisweilen als „Menschenrecht" gefordert wird. In den Schulen ist der neue Gender-Sexualkundeunterricht verpflichtend für alle, auch wenn Elternhäuser aus Glaubensgründen dagegen sind. Auch die Alltagssprache ist geschlechtergerecht umzuformen und weiteres. UNO, EU und Bundesregierung haben seit den Tagen der rot-grünen Regierung Schröder/Fischer die marxistische Gender-Ideologie als Handlungs-Maxime festgelegt. Nicht nur Deutschland, die ganze Welt soll sogar gegendert werden.[38]

- **Energiewende:** Eine Klimaerwärmung gibt es zweifellos, angeblich ist sie menschengemacht (zu hoher CO_2-Austoß durch die herkömmlichen Energieträger Atom, Öl, Kohle, Gas), in Wirklichkeit aber wohl auf die erhöhte Sonnenaktivität zurückzuführen. Nun will die Poli-

tik die gesamte Energiegewinnung auf „erneu-
erbare Energien" (Wind, Sonne und anderes)
umstellen. Herkömmliche Kraftwerke werden
stillgelegt, Autos mit Verbrennungsmotor sollen von der Straße, E-Autos werden massiv
gefördert. Als Folge leidet die Automobilindu-
strie, einer der wichtigsten Wirtschaftszweige
in Deutschland. Die Arbeitslosenzahl steigt,
die Stromversorgung wird zunehmend unsi-
cher, flächendeckende Stromausfälle drohen
in den nächsten Jahren. Die Energiekosten in
Deutschland sind jetzt schon so hoch wie nir-
gends sonst.

- **Bevölkerungsstruktur:** Sie soll durch illegale
Masseneinwanderung, besonders seit 2015,
völlig verändert werden. Aus einem mono-eth-
nischen deutschen Volk soll eine multi-ethni-
sche und damit multi-kulturelle Bevölkerung
entstehen. Die Einwanderer werden in neu
errichteten oder renovierten Wohnungen un-
tergebracht. Die Folge sind heute schon in vielen Städten Ghettobezirke, wo kein Deutsch
mehr gesprochen wird und wo sich die Polizei
nur noch mit Vorsichtsmaßnahmen hinbegibt,
wenn überhaupt. Die Masseneinwanderung
aus gewaltgeprägten Kulturen brachte eine
große Gewalt-Welle ins Land. Die allermeis-

ten der Einwanderer sind für unseren Arbeits-markt untauglich und landen als lebenslang zu Unterstützende in den Sozialsystemen. Jährliche Ausgaben: ca. 50 Milliarden Euro.

- **Islamisierung:** Sie wird stark vorangetrieben durch die gewollte Masseneinwanderung aus vornehmlich islamischen Ländern. Da der Islam eine Herrschafts- und Unterwerfungsideologie ist (Koran, Sure 2,193; 8,39; 48,28; 61,9), wird die angestammte jüdisch-christlich geprägte Kultur immer weiter zurückgedrängt. Die Politik unterscheidet irreführend zwischen dem (guten und toleranten) Islam und dem (bösen) Islamismus. Das ist eine hilflose Konstruktion, die dem Wesen des Islam als Ideologie völlig fremd ist. In Verkennung des zutiefst antichristlichen und antijüdischen Charakters des Islam wird die Islamisierung von den beiden (noch) großen Kirchen sogar gefördert.[39] Mit dem einwandernden Islam ist nicht nur eine Gewaltwelle ins Land gekommen[40], sondern auch eine Welle des Antisemitismus[41] und der Frauenfeindlichkeit.[42]

- **Deutscher Nationalstaat:** Er hat für unsere politische Klasse ausgedient, auch für Frau Merkel als überzeugte Globalistin, da man angeblich heute die nationalen Grenzen nicht mehr schützen könne. Der Nationalstaat soll zunächst aufgehen in einer supra-nationalen EU, später in einer noch größeren Einheit. Immer mehr Souveränitätsrechte sollen an die EU-Zentrale in Brüssel gehen. Ziel ist letztlich die Utopie von der globalen „Einen Welt" und einer „Neuen Weltordnung" mit nur einer Weltregierung, um endlich den Weltfrieden herzustellen.

Die desaströsen Folgen dieser Politik sind eine astronomisch hohe Staats-Verschuldung, die nachfolgenden Generationen sind mit einem gigantischen Schuldenberg unverantwortlich stark belastet, allein die sog. Energiewende verschlingt ca. 1 Billion Euro. Weitere Folgen sind aber auch der Niedergang der Wirtschaftsleistung, Massenverlust von Arbeitsplätzen, die wirtschaftliche Grundlage von Millionen Menschen ist in Gefahr, zunehmender Verlust der inneren Sicherheit, zunehmende Altersarmut, immer mehr Rentner sammeln Pfandflaschen aus Mülltonnen, Niedergang der schulischen Ausbildung, Aufspaltung der Bevölkerung in viele verschiedene Ethnien, die sich teilweise feindlich oder ablehnend gegenüberstehen und nicht integriert sind, Rückgang der einheimischen deutschen Bevölkerung und anderes. Besonders schwerwiegend aber ist die enorme psychische Belastung der Bevölkerung durch die gegenwärtigen und offensichtlich auf längere Dauer angelegten Corona-Maßnahmen. Die Zahl der Selbstmorde dürfte steigen, eine irrationale Angst macht sich immer stärker bemerkbar.

Die Bilanz der Regierungspolitik ist eine Katastrophe für unser Land, die aber noch verschleiert wird. Verantwortlich für diese Katastrophe sind insonderheit die verschiedenen Merkel-Regierungen seit 2005! Besonders die jetzige Regierung Merkel/Scholz mit ihrer Corona-Politik ist ein Schaden und eine enorme Belastung für das deutsche Volk. **Sie sollte zurücktreten.** Als Nicht-Politiker vermag man nicht zu erkennen, daß unsere Regierung gemäß Amtseid sich dem Wohl des deutschen Volkes widmet, seinen Nutzen mehrt, Schaden von ihm wendet und die Gesetze wahrt und verteidigt. Das ist zwar differenziert zu sehen, von Regierungsmitglied zu Regierungsmitglied unterschiedlich, aber als Gesamtbild sicher zutreffend. Man erinnere sich, daß unsere Kanzlerin viermal den Eid abgelegt hat, sogar mit dem Zusatz: *„So wahr mir Gott helfe."* In einer funktionierenden Demokratie müssen sich alle Amtsträger verantworten für das, was durch ihre Amtsführung angerichtet worden ist. Spätestens vor dem Richterstuhl des ewigen Gottes wird dies geschehen, wo jeder einzelne Mensch ohnehin Rechenschaft über sein Leben geben muß (2. Kor. 5,10).

Trotz dieser verheerenden Bilanz werden die politischen Großprojekte weiter vorangetrieben, und das seit vielen Jahren. Dies geschieht in Deutschland durch eine linksgrüne Ideologie, der fast alle im Deutschen Bundestag vertretenen Parteien nach Art von Blockparteien mehr oder minder stark verpflichtet sind: Die **CDU/CSU**, früher einmal konservativ-bürgerliche Parteien, sind in der Regierungszeit von Frau Merkel deutlich nach links abgedriftet, es gibt nur noch konservative Restbestände (Werteunion in der CDU). Auch die **FDP**, früher bürgerlich-liberal ausgerichtet, hat ebenso einen Linksschwenk vollzogen, wenn auch nicht so ausgeprägt wie CDU/CSU. **SPD, Grüne und Linke** (umbenannte SED) sind schon von ihren Grundlagen, sozusagen von Hause aus, auf der linken Schiene. Eine Ausnahme bildet derzeit nur die **AfD**, die aber versucht man, so klein wie möglich zu halten. Sie vertritt im wesentlichen die CDU-Werte bis zur Regierungszeit von Frau Merkel.

Dieser Block der Altparteien wird unterstützt von außerparlamentarischen Bewegungen wie Nicht-Regierungs-Organisationen (NGO's), Gewerkschaften, Antifa und anderen. **Die „Covid-19-Pandemie" scheint dabei für den Umbau Deutschlands von großem Nutzen zu sein. Denn sie lenkt die Menschen mit ihrer Corona-Angst vom politischen Alltagsgeschehen und den innenpolitischen Problemen sehr gut ab.** Mit anderen Worten: **Im Schatten der Corona-Angst und angesichts der tiefen Spaltung des Volkes kann man gut regieren und auf dem Verordnungsweg Vorhaben durchsetzen, die sonst im politischen Alltagsgeschäft verwässert werden können.** Der Verlust elementarer Grundrechte ist jetzt gut durchzuziehen, das Volk begehrt (noch) nicht auf. Tritt der erwartete Wirtschaftszusammenbruch ein, der sich längst als Niedergang vor der Corona-Zeit ankündigte, kann man auch gut auf Corona verweisen mit dem Argument: Der Staat muß<u>te</u> doch die Wirtschaft und das öffentliche Leben herunterfahren, die immensen wirtschaftlichen Verluste <u>mußte</u> die Regierung doch in Kauf nehmen, um das Leben der Bürger zu schützen. Also Corona ein Vorwand, ein riesiges Ablenkungsmanöver, eine Manipulation, ein politischer Schwindel? Man mag es kaum glauben, aber so sieht es nun einmal aus.

Als die Corona-Viren auftraten, konnte kein Mensch bei uns die von ihnen ausgehende Gefahr richtig einschätzen. Möglicherweise hat unsere Politik aber schnell erkannt, daß die Viren so gefährlich nicht sind, und hat ihre politische Nützlichkeit erkannt. Das träfe dann nicht allein auf die deutsche Regierung zu, sondern weltweit auf viele andere Regierungen auch, auch sie könnten die Corona-Angst gut instrumentalisieren, um eventuell, wie erwähnt, an der vermuteten neuen Weltwirtschafts- und Weltwährungsordnung („Great Reset", „Großer Neustart") teilzuhaben. Die Gelegenheit ist günstig. Die Menschen bleiben, wenn möglich, mehr und mehr zu Hause in den eigenen vier Wänden. So mancher Kritiker dürfte lieber auf sein Recht auf Versammlungs- und Meinungsfreiheit bei einer Anti-Corona-Demonstration verzichten, weil er weiß, daß er Gefahr läuft, berufliche und persönliche Probleme zu bekommen, oder gar von Antifa-Leuten angegriffen zu werden. Corona, um uns alle an die „kurze Leine" zu nehmen? Corona-Angst, ein Instrument der Politik? Eine Verschwörungstheorie? Oder doch eine begründete Annahme?

Hören wir, was der Präsident des Deutschen Bundestages, Dr. Wolfgang Schäuble (CDU), im August 2020 sagte: ***„Die Corona-Krise ist eine gro-***

ße Chance. Der Widerstand gegen Veränderung wird in der Krise geringer. Wir können die Wirtschafts- und Finanzunion (Anm.: Im Rahmen der EU), *die wir politisch bisher nicht zustande gebracht haben, jetzt hinbekommen."* [43] Dies sollte man sich zwei- oder dreimal durchlesen, so unfaßbar ist der Satz. Es ist selten, daß jemand aus der Politik so Klartext redet. Und Herr Schäuble ist nicht irgendwer, seit Jahrzehnten in der Politik erfahren und mit allen politischen Wassern gewaschen, kommt seinen Worten daher großes Gewicht zu. Er spricht hier zwar von der Wirtschafts- und Finanzunion, aber die Corona-Krise läßt sich als Chance zur Veränderung ebenso auf die oben genannten Großprojekte anwenden. So profitieren am Ende beide, Politik einerseits und Pharma-Industrie/Bill Gates andererseits: Die Politik kann ihren ideologisch motivierten Umbau des Landes gut weiterführen und die Pharmaindustrie fährt durch Massenimpfungen Milliardengewinne ein.

Die Corona-Angst als politisches Mittel will man offenbar nicht aus der Hand geben. Schon am 30. Oktober 2020 haben alle im Bundestag vertretenen Parteien den Antrag der AfD-Fraktion abgelehnt, einen Corona-Untersuchungs-Ausschuß zu installieren.[44] Fürchteten CDU/CSU, SPD, Grüne,

Linke und FDP, daß durch den Ausschuß Fakten ans Tageslicht gekommen wären, die besser ungenannt bleiben sollen?

Dafür aber hat man am 18. November 2020 in einem atemberaubenden Tempo, sage und schreibe innerhalb eines Tages, den Entwurf der Regierungsparteien CDU/CSU und SPD eines *Dritten Gesetzes zum Schutz der Bevölkerung bei einer epidemischen Lage von nationaler Tragweite* durchgezogen: Mit 413 Ja-Stimmen und 235 Nein-Stimmen nahm der Bundestag das „Bevölkerungsschutzgesetz" an, Stunden später schon stimmte der Bundesrat zu, kurz darauf unterzeichnete Bundespräsident Steinmeier. Das Gesetz trat schon am Folgetag in Kraft. Das „Corona-Kabinett" hat jetzt weitreichende Vollmachten, verschiedene Grundrechte bei einer epidemischen Lage außer Kraft zu setzen, auch wenn die epidemische Lage nur befürchtet wird. Sie ist auf vier Wochen begrenzt, kann aber verlängert werden. Diese Verlängerung wurde eine Woche später auch sogleich beschlossen. So schnell wurde noch nie ein wichtiges Gesetz durchgepeitscht, die Demokratie hat schwersten Schaden genommen! Ein gutes Dreivierteljahr lang hatte die Regierung Merkel/Scholz ohne ausreichende Rechtsgrundlage ihre Corona-Maßnahmen durchgeführt, sie wurden oft genug von Gerichten für nichtig erklärt. Nun hat man formal nachträglich eine Rechtsgrundlage geschaffen. Eigentlich ist es nicht üblich bei uns, zuerst ein Haus zu bauen und nach dessen Fertigstellung erst die Baugenehmigung einzuholen.

Zeitgleich mit dem Abstimmungsverfahren demonstrierten am 18. November viele Tausende in Berlin gegen das neue Gesetz. Zu Recht sprachen Sie von einer Art Ermächtigungsgesetz und der Möglichkeit einer neuen Diktatur (Corona-Diktatur). Obwohl die Demonstration friedfertig war, ging die Polizei unnötig mit Wasserwerfern und auch körperlichen Angriffen gegen die Demonstranten vor. Der Bundestagsabgeordnete Karsten Hilse (AfD) wurde brutal zu Boden gerissen, weil er ohne Maske war und die Polizei sein Befreiungsattest für ungültig hielt. Rund 200 Teilnehmer an der Demonstration wurden festgenommen, weil sie die Abstände usw. nicht eingehalten hätten.[45] Die Wasserwerfer waren definitiv ein Schritt zu weit, eine rote Linie wurde überschritten. Auch in der Endphase der DDR wurden Wasserwerfer gegen friedliche Demonstranten eingesetzt. Das Vertrauen in die politische Klasse ist dahin, leider. Der Paragraph 28a des durchgepeitschten neuen Gesetzes ist ein erheblicher Eingriff in die vom Grundgesetz garantierten Freiheitsrechte und schreibt verbindlich das nun fest, was bisher schon bekannt war oder befürchtet wurde:

- Abstandsgebot zu anderen Personen in der Öffentlichkeit
- Maskenpflicht im öffentlichen Raum
- Beschränkung oder Verbot von Übernachtungen, Reisen, Freizeit-, Sport- und Kulturveranstaltungen
- Schließung von Geschäften
- Ausgangs- und Kontaktbeschränkungen im privaten und öffentlichen Bereich
- Möglichkeit, daß Behörden in Privatwohnungen eindringen, wenn der Verdacht besteht, daß sich darin zu viele Personen aufhalten

Dies ist in der deutschen Nachkriegsgeschichte ein tiefgreifender Bruch. Wir sollten durchaus zur Kenntnis nehmen, daß im neuen Gesetz die Formulierungen „ermächtigen" und „Ermächtigung" 24mal vorkommen. Der Bundestag hat sich de facto selbst entmachtet und dem „Corona-Kabinett" die Macht in die Hände gelegt. Ob man das hören mag oder nicht: Es gibt eine erschreckende historische Parallele, das Ermächtigungsgesetz von 1933. Natürlich sind die Zeitumstände heute völlig anders als damals. Die Parallelität liegt allerdings in der Tatsache, daß in einem nationalen Notstand demokratische Rechte außer Kraft gesetzt worden sind.

Immer wieder ist gefragt worden: Wie war es 1933 möglich, daß so schnell die Weimarer Demokratie abgeschafft werden und Hitler legal die Macht übernehmen konnte? Die Antwort erhalten wir heute: Man muß dem Volk klarmachen, daß ein schwerer nationaler Notstand vorliegt, muß kritische Stimmen kleinhalten oder ganz ausschalten, muß die Angst kräftig schüren, daß der Notstand noch schlimmer werden könnte und muß dann einen rettenden Ausweg präsentieren. Damals litt Deutschland unter der verheerenden Weltwirtschaftskrise, Hitler bot einen Ausweg an und kam an die Macht. Heute ist zwar der nationale Notstand wegen Covid-19 durch Politik und Medien bewußt herbeigeredet worden. Wer aber in großer Angst wegen der Corona-Viren ist, und das sind viele, der dürfte alle Maßnahmen zur Rettung aus dem Covid-19-Notstand begrüßen, auch wenn bürgerliche Grundrechte eingeschränkt sind oder ganz auf der Strecke bleiben. Haben wir denn nichts aus der Geschichte gelernt? Zwei Diktaturen in Deutschland in den letzten 90 Jahren sind wahrlich genug, es droht nun eine dritte, die Corona-Diktatur. Ist Deutschland noch zu retten?

Es soll hier nicht behauptet werden, daß Frau Merkel völlig identisch mit Hitler sei, das wäre Unfug. Aber höchste Skepsis ist dennoch geboten. Schon im Jahr 2011, kurz nach der Tsunami-Katastrophe in Fukushima/Japan, erklärte sie eigenmächtig den Atomausstieg für Deutschland, erst drei Monate später legalisierte das der Bundestag, ein Vorgehen, das wir mit Corona nun wieder erleben. Besonders seit 2015 bricht sie gültige Gesetze, ohne nennenswerten Widerstand auf den Plan zu rufen. Gemeint ist einmal der Grundgesetz-Artikel 16a: Wer als Flüchtling aus einem sicheren Staat nach Deutschland kommt, ist zurückzuschicken. Das hat Frau Merkel 2015 mit der „Flüchtlingswelle" im Alleingang aufgehoben und wird bis heute so gehandhabt. Sodann wurden die Asylgesetze quasi zu Einwanderungsgesetzen umfunktioniert. Abgelehnte Asylanten werden überwiegend nicht zurückgeschickt, sondern erhalten einen Duldungs-Status. Schließlich sei die aufgehobene Ministerpräsidenten-Wahl im Februar in Thüringen erwähnt, die zwar nach demokratischen Grundsätzen erfolgte, aber von Frau Merkel durch ein Machtwort für null und nichtig erklärt wurde, weil es ihr nicht gefiel, daß die AfD hier mitgewählt hatte. Das alles geht in einer Demokratie definitiv natürlich nicht, ein begründetes Mißtrauen gegenüber dem neuen „Bevölkerungsschutzgesetz" ist daher auch mehr als angebracht.

6.　Wie gehen Christen mit der „Covid-19-Pandemie" um?

Der US-Bundesstaat Kalifornien hat wegen der „Covid-19-Pandemie" eine unbefristete Gottesdienstsperre erlassen. So weit ist es bei uns (noch) nicht. Im Frühjahr fielen zwar wegen des vorauseilenden Gehorsams von Kirchenleitungen auch schon Gottesdienste aus (Karfreitag, Ostern), aber nicht auf Betreiben des Staates. Gottesdienste sind erlaubt, aber gleichwohl bis heute stark behindert. Der gegenwärtige radikale Umbau unseres Lebens wird leider von viel zu wenigen Christen wahrgenommen. Sie meinen wie viele andere, wenn die „Pandemie" vorbei sei, würde es so werden wie vorher auch. Ein Irrtum. Manche haben zwar ein ungutes Gefühl und sagen: *„Kann man ja doch nichts machen."* Manchmal hört man auch den Satz: *„Hoffentlich kommt Jesus bald wieder."* Manche hoffen auf den neuen

Impfstoff. Wieder andere meinen, Die „Pandemie" sei ein Gericht Gottes. Das ist sie in der Tat, aber nicht durch gefährliche Corona-Viren, sondern durch die drohende Corona-Diktatur. Wie sollen sich Christen nun verhalten? Maßstab ist die Bibel, das Wort des lebendigen Gottes:

- Im Buch der Sprüche, Kap. 2,11f heißt es: *„Besonnenheit wird dich bewahren und Einsicht dich behüten, daß du nicht geratest auf den Weg der Bösen noch unter Leute, die Falsches reden."* Besonnenheit, Einsicht, nicht auf den Weg der Bösen geraten, das setzt voraus, daß man sich **möglichst umfassend informiert**, um einen Durchblick durch die Lage zu bekommen und sich nicht von Politik und Medien einer Gehirnwäsche unterziehen oder gar in Panik treiben zu lassen. Wichtig sind heute die alternativen Medien, es gibt gute Internet-Seiten. Im Gebet dürfen wir zudem unserem HERRN unsere Sorgen und Nöte bringen und ihn bitten, uns in dieser Zeit zu bewahren und einen Weg durch das Chaos zu weisen.

- Wir wissen, daß unser dreieiniger Gott, der einzige Gott, **ein Gott der Ordnung** ist, der aus dem Chaos des Ur-Zustandes dieser Welt mit seinem Schöpferwort einen Kosmos schuf, eine gute Ordnung. Überall, wo Chaos ist, sind gottfeindliche Mächte am Werk. Der jetzige gesellschaftliche, politische und wirtschaftliche Zustand ist zweifelsohne ein Chaos, also nicht gottgewollt, sondern von außerordentlich einflußreichen, offenbar global agierenden Gruppen herbeigeführt, die damit ihre weltweite politische Agenda von der Neuen Weltordnung verfolgen. Der Ausnahmezustand einer „Covid-19-Pandemie" paßt in ihr Bild, sie haben aber nicht den lebendigen Gott auf ihrer Seite, der kein Chaos will.

- **Gott schuf den Menschen nach seinem Ebenbild.** Der Mensch als Gottes Gegenüber hat eine besondere Stellung in Gottes Schöpfung. Gott hat ihn mit Ehre und Herrlichkeit gekrönt, nur wenig niedriger gemacht als er selbst ist (Psalm 8,6). Wenn man nun überall in der Öffentlichkeit die Menschen mit ihren Gesichtsmasken herumlaufen sieht, kommt man schon auf die Frage: Paßt das zur Ehre und Herrlichkeit, die der Schöpfer ihm gab bzw. zur Menschenwürde, wie das Grundgesetz sagt? Viele empfinden mit Recht die Masken als entstellend und demütigend, als Maulkorb, der die Kommunikation und Mimik erheblich einschränkt.

- **Christen gehorchen den Anordnungen der Obrigkeit,** weil nach der Bibel jede Regierung von Gott eingesetzt ist (Joh. 19,11; Röm. 13,1ff; 1. Petr. 2,13-17). Christen sind loyale Staatsbürger, ihre Loyalität endet allgemein erst da, wo der Staat etwas verlangt, was gegen Gottes Willen ist. Dann gilt: Man muß Gott mehr gehorchen als den Menschen (Apg. 5,29).

- Christen sollen nach Gottes Willen sogar **den wunderlichen Herren gehorchen** (1. Petr. 2,18). Gemeint ist damit, daß man bereit sein soll wegen guter Taten, die nach Gottes Willen sind, Leiden zu ertragen (1. Petr. 2,20). Wer als Christ heute beispielsweise bei einer Anti-Corona-Demonstration ohne Anlaß ungerecht behandelt wird, rächt sich nicht. Als Staatsbürger darf er seine Rechte allerdings einklagen.

- Als Christen sind wir zur **Nächstenliebe** angehalten. Müssen wir von daher nicht doch die Gesichtsmaske tragen, damit wir andere nicht infizieren oder umgekehrt? Da die Maske nach Auskunft sehr kompetenter Fachleute überhaupt nicht schützt, bei vielen sogar Atemnot und Schlimmeres verursacht, trifft das Argument der Nächstenliebe hier nicht zu.

- **Christen sind Bürger zweier Reiche: Bürger im Reich Gottes und Bürger des Staates, in dem sie wohnen.** Wir leben in Deutschland in einer Demokratie, es ist die Staatsform, die Gott unserem Volk gegeben hat. Wir leben nicht in einer diktatorischen „Volksdemokratie" wie in China, in einer Monarchie oder was auch immer. In einer Demokratie zu leben bedeutet aber, daß jeder Staatsbürger und eben **auch jeder Christ eine Mitverantwortung hat**, was im Land passiert. In einer Diktatur ist den Bürgern diese Mitverantwortung verwehrt, bei uns nicht. Niedergelegt ist das in Artikel 20 des Grundgesetzes. Dort heißt es zunächst: *„Alle Staatsgewalt geht vom Volke aus."* Das bedeutet: Die Regierung mit ihren Ministern sind auf demokratischem Weg vom Volk legitimiert und beauftragt, zum Nutzen des Volkes die Staatsangelegenheiten zu führen. Man könnte salopp auch sagen: Sie sind Angestellte des deutschen Volkes auf Zeit, denn „Minister" bedeutet im Lateinischen „Diener". Weiterhin heißt es im Artikel 20: *„Gegen jeden, der es unternimmt, diese Ordnung abzuschaffen, haben alle Deutschen das **Recht zum Widerstand."*** Tatsache ist, daß die Regierungen Merkel in der Vergangenheit gegen Recht und Gesetz regiert haben, wie oben erwähnt. In der gegenwärtigen „Pandemie"-Lage wurden zudem gravierende Einschnitte in die Grundrechte aller Bürger vorgenommen. Viele fragen: Wann erhalten wir unsere vollen Grundrechte zurück? Ist die Regierung dazu nicht bereit und verlängert im Gegenteil die Einschränkungen auf unabsehbare Zeit, ist der Verdacht nicht auszuschließen, daß wir uns auf dem Weg in eine neue Diktatur befinden. Auch manche Christen sprechen bereits von der Corona-Diktatur. Das Recht auf Widerstand ist demnach geboten.

- Widerstand bedeutet für Christen nicht, mit der Waffe in der Hand die Regierung zu beseitigen. Das wäre ganz gegen den Willen Jesu Christi. Es gibt aber auch **zivilen und gewaltlosen Widerstand** in vielfältiger Form, der auf die Änderung von Mißständen und den Stopp von Gesetzesbruch hinarbeitet. Wie erwähnt, haben Christen erstmals in Deutschland erlebt, daß Gottesdienste ganz ausfielen und bis heute stark eingeschränkt sind. Nicht einmal im Dritten Reich und in der DDR fielen Gottesdienste aus. Dagegen können Christen mit juristischen Mitteln und friedlichen Demonstrationen vorgehen und vor allem mit dem Gebet. Da bis heute und auch in Zukunft bei uns große Veranstaltungen wegen Corona nicht stattfinden dürfen, kann man nicht ausschließen, daß irgendwann auch bei uns – wie in Kalifornien – Gottesdienste ganz untersagt werden.

- Christen gebrauchen ihre **vom Schöpfer gegebene Vernunft** und erkennen, daß Corona-Viren im wesentlichen nur für Risikogruppen eine Gefahr sein können, brauchen sich also nicht in Sorge, Angst oder gar Panik stürzen lassen. Sie erkennen weiterhin, daß die Gesichtsmasken einmal nutzlos und zum anderen schädlich sind. Darüber informieren sie andere. Sie erkennen die Lügenkonstruktion, auf der die Corona-Politik aufgebaut worden ist und die tägliche Gehirnwäsche der meisten Medien.

- Da die etablierten Kirchen weithin vom Zeitgeist (Gender, Multi-Kulti u.a.) unterwandert sind, **versammeln sich Christen in kleinen Gruppen** (Hauskreise) mit denen, für die Jesus Christus allein Weg, Wahrheit und Leben ist. Sie beten für alle, die öffentliche Ämter in unserem Land haben, weil der drei-einige Gott uns lehrt, für die Regierung zu beten (Jer. 29,7), und sie beten für eine Umkehr des Volkes hin zu dem lebendigen Gott.

- Aufgabe von Christen in der gegenwärtigen Situation ist, den Mitmenschen **psychisch sta-**

bilisierend zur Seite zu stehen. Das geschieht durch Gebet und Trost aus dem Wort Gottes, um so Hoffnung zu vermitteln.

- Zuletzt sei auf den **Aspekt der Endzeit** hingewiesen. Nach Off. 13,1ff wird einmal die ganze Welt unter der Herrschaft des Antichristen zwangsvereinigt werden. Wir erinnern uns, daß die sog. Global Players die „Eine Welt" anstreben. Ob die globalen Auswirkungen der ausgerufenen „Pandemie" ein großer Schritt auf dieses Ziel hin sein können, muß aufmerksam beobachtet werden. Berechnungen stellen wir nicht an! Sollte es so sein, haben wir als Christen auch noch bis dahin die Aufgabe, das Evangelium weiterzugeben. Wir wissen: Unser Gott ist es, der die Geschichte lenkt, nicht global agierende Gruppen. Unser HERR sitzt im Regiment. Alle Not wird dann vorbei sein für die, die zu Christus gehören.

Zum Schluß seien einige Gedanken und Erfahrungen von Pfarrer im Ruhestand Dr. Theo Lehmann, Radebeul bei Dresden, wiedergeben, dem wohl bekanntesten Jugendpfarrer in der ehemaligen DDR. Zu seinen Gottesdiensten im damaligen Karl-Marx-Stadt (heute: Chemnitz) kamen oft jeweils über 5.000 Besucher. Rund um die Uhr wurde er von 16 Stasi-Leuten überwacht. Er weiß, was es bedeutet, in einer Diktatur zu leben und ist entsetzt über die Zustände in unserem Land heute. Im Lauf seines langen Lebens hat er zwei Diktaturen in Deutschland erlebt und warnt jetzt vor der dritten Diktatur:

» Oktober 1989. Es klingelte. Vor der Tür standen ein paar Jungs. Nass und heulend: „Herr Pfarrer, helfen Sie uns..... ." Die Jungs konnten es weder fassen noch verkraften, dass die DDR mit Wasserwerfern gegen ihr eigenes Volk vorging. Einige Tage später, am 8. Oktober, fand in Karl-Marx-Stadt mein 124. Jugendgottesdienst statt. Ich predigte zu 3.000 Jugendlichen über das Bibelwort Nehemia 9,33: „Wir sind in großer Not." Die Predigt erschien kurz danach in idea (Anm.: Evang. Wochenmagazin)*, die sie allen Bundestagsabgeordneten zustellte. Vor der Predigt wurde gesungen:*

Was wir meinen, sagen wir, sagen's frei heraus.
Wenn es nottut, schweigen wir, halten Schläge aus.
Wir wollen Hoffnung sein, wo man versagt.
Wir wollen friedlich sein, wo man nur klagt.
Wir wollen anders sein.

Anders war ich als Prediger bereits äußerlich. Aus der Tasche meines Jacketts ragte eine Zahnbürs-

te, und ich sagte zur Erklärung: „Das habe ich von Martin Luther King gelernt. Der predigte auch mal mit Zahnbürste als Zeichen, dass er bereit war, für seine Predigt anschließend ins Gefängnis zu gehen." Solche Predigten können allerdings nur gehalten werden, wenn der Heilige Geist das Herz festhält, während die Knie zittern. Gegen Ende sagte ich: „Wir sind in großer Not, weil uns die Tränen über das Gesicht laufen, wenn wir vor unseren Fernsehern sitzen und die Flüchtlingszüge sehen und die Auseinandersetzungen auf unseren Straßen und die Wasserwerfer in Aktion. Wir weinen über unser Land und fragen uns: Wo sind wir hingekommen, dass der Dialog verweigert und Wasserwerfer eingesetzt werden?" Und zum Schluss sagte ich: „Wir brauchen einen Neuanfang, und die Bibel zeigt uns, wie es dazu kommen kann: Missstände benennen und Schuld bekennen. Nur so kommt es zu einer Veränderung. Veränderung ist ein Zeichen von Leben. Wo keine Veränderung mehr stattfindet, kann nur noch der Tod festgestellt werden. Unser Bekenntnis heißt: „Nach Tod und Dunkelheit siegte das Licht. Wer jetzt an den Auferstandenen glaubt, fürchtet sich nicht." Noch jetzt kriege ich eine Gänsehaut, wenn ich daran denke, wie nach diesem Refrain-Zitat Tausende aufstanden wie ein Mann und sangen:

Sie hauen auf mich ein, bis ich den Halt verlier,
Doch wir stehn wieder auf.
Ich werde abgeschossen, fliege vor die Tür,
Doch wir stehn wieder auf.
Nach Tod und Dunkelheit siegte das Licht.
Wer jetzt an den Auferstandenen glaubt, fürchtet
sich nicht.

Und dann kam der November 2020. Ich saß vor dem Fernseher und sah mir die Nachrichten des MDR an, und plötzlich sah ich einen Wasserwerfer, der gegen Demonstranten eingesetzt wurde. Ich dachte: „Na, die Bilder kenne ich doch. Die hab ich doch schon vor 30 Jahren gesehen." Aus diesem Irrtum rief mich die Stimme des Nachrichtensprechers, denn das war live, aktuell, Gegenwart! Die Stimme erklärte, dass man aus Rücksicht auf Frauen und Kinder darauf verzichtet hatte, den Wasserstrahl direkt auf die Bürger zu richten, sondern sie nur wie ein Starkregen durchnässte. Vor Rührung über soviel väterliche Güte kämpfte ich mit den Tränen. Diese zarte Rücksichtnahme auf Frauen und Kinder! Das war ja noch mehr als das bloß hingesagte „Ich liebe euch doch alle." von Onkel Mielke (Anm.: Stasi-Chef). Das war ja spürbare Liebe, die aus dem Himmel herniederregnete! Oder habe ich das alles bloß geträumt?

Paar Tage später saß ich wieder vorm Fernseher, es war Bußtag. Der MDR übertrug einen Gottesdienst aus der Dresdener Frauenkirche, und ich sah, wie der Prediger sich dankbar glücklich pries, in einer Demokratie zu leben. Habe ich das auch nur geträumt? Ich weiß es nicht. Ich weiß nur: Damals stand nicht nur ich, sondern die ganze Kirche auf der Seite von denen, die mit Wasserwerfern bearbeitet wurden. Damals. «

Theo Lehmann dichtete 1980 ein Glaubenslied, das in der DDR zur Hymne des Widerstandes und von dem Liedermacher Jörg Swoboda vertont wurde. Darin heißt es: „*Die Mächtigen kommen und gehen, und auch jedes Denkmal mal fällt. Bleiben wird nur, wer auf Gottes Wort steht, dem sichersten Standpunkt der Welt.*" Wenige Wochen nach dem Oktober 1989 war die DDR Geschichte.

Wir fragen: Ist das Deutschland von heute noch zu retten? Nach menschlichem Ermessen nicht, aber da ist immer noch der ewige, allmächtige Gott. ER setzt nicht nur Regierungen ein, ER stößt auch die Gewaltigen vom Thron (Lk. 1,52).

Eberhard Kleina
Lübbecke, 30. November 2020

Quellenangaben und Anmerkungen

Sofern Hinweise auf Internet-Links angegeben sind, waren diese zum Zeitpunkt der Manuskripterstellung und Drucklegung abrufbar. Übernommene Zitate wurden so wiedergegeben, wie sie in der Quelle stehen.

1   https://www.journalistenwatch.com/2020/11/09/er-schreckend-erfahrungsberichte-maskenpflicht
2   https://www.rubikon.news/artikel/geplante-wirklichkeit
    https://isw-muenchen.de/2020/05/pandemien-korrum-pierte-wissenschaft-john-hopkins-university-und-ihr-glo-bal-health-security-index/
3   https:// norberthaering.de/die-regenten-der-welt/known-traveller-2/
4   https://multipolar-magazin.de/artikel/der-impfaktivis-mus-der-gates-stiftung
5   Siehe: Dr. C.E.Nyder, Gesundheitsdiktatur, Bill Gates An-griff auf die Demokratie, Kopp-Verlag, Rottenburg 2020
    Siehe: Eberhard Kleina, Deutschland, ein Einwande-rungsland? Wie durch massenhaften Zuzug unsere Heimat ein multikulturelles Gesicht bekommen soll, Lichtzeichen-Verlag, Lage 2019, S. 60 – 70
6   https://www.deutschlandfunkkultur.de/digitale-identi-taet-leben-in-der-ueberwachten-gesellschaft.976.de.ht-ml?dram:article_id=486012
7   GAVI (Global Alliance for Vaccines and Immunisation, Globale Allianz für Impfstoffe und Immunisierung) ist eine weltweit tätige öffentlich-private Organisation mit Sitz in Genf. Dazu gehören Regierungen von Industrie- und Entwicklungsländern, die Weltgesundheitsorganisa-

tion (WHO), UNICEF, Weltbank, Impfstoffhersteller und die Bill-und-Melinda-Gates-Stiftung.
Nach: Wikipedia und https://isw-muenchen.de/2020/05/pandemien-korrumpierte-wissenschaft-john-hopkins-university-und-ihr-global-health-security-index/

8 https.//www.swr.de/swr2/wissen/who-am-bettelstab-was-gesund-ist-bestimmt-bill-gates-100.html

9 https://rp-online.de/nrw/staedte/duesseldorf/corona-regeln-duesseldorf-maskenpflicht-in-fast-der-gesamten-stadt_aid-54414399

10 https://www.welt.de/politik/deutschland/article218800984/Corona-Regeln-Lauterbach-fordert-Kontrollen-in-Privatwohnungen.html

11 https://www.mmnews.de/wirtschaft/154375-biontech-corona-impfstoff-mehr-als-90-prozent-wirksam

12 https://www.wiwo.de/unternehmen/dienstleister/biontech-einstieg-mit-50-millionen-warum-bill-gates-auf-biontech-aus-mainz-setzt/24981368.html; vom 5. September 2019, aktualisiert am 10. November 2020

13 https://www.rtl.de/cms/corona-test-nach-urlaub-frau-bekommt-positives-und-negatives-ergebnis-wie-ist-das-moeglich-4603325.html
https://www.tagesspiegel.de/berlin/zwei-positiv-zwei-negativ-corona-tests-bei-elon-musk-mit-widerspruechlichen-ergebnissen/26620748.html

14 https://www.journalistenwatch.com/2020/11/11/die-wahre-seuche

15 https://multipolar-magazin.de/artikel/der-impfaktivismus-der-gates-stiftung

16 Dr. Karina Reiss, Dr. Sucharit Bhakdi, Corona Fehlalarm? Zahlen, Daten und Hintergründe, Goldegg-Verlag, Berlin 2020, S.122f

17 https://www.news.de/politik/855868054/jens-spahn-erntet-heftige-kritik-bei-twitter-fuer-corona-bilanz-gesundheitsminister-raeumt-fehler-bei-corona-massnahmen-ein/1/

18 https://nichtimpfen.de/medizin-und-pflege/21-fragen-und-antworten-zu-covid-19/

19 https://corona-transition.org/offener-brief-an-angela-merkel

20 Reiss/Bhakdi, Corona Fehlalarm? S. 65

21 https://wie-soll-es-weitergehen.de/files/Wie-soll-es-weitergehen-DIN-A4-small.pdf, S.11f. Der Autor Sebastian Friebel ist ehemaliger Parlamentarischer Berater des Deutschen Bundestages

22 https://www.journalistenwatch.com/2020/11/08/anwaelte-brief-bundesregierung

23 https://journalistenwatch.com/2020/11/13/krieg-buerger-verfassungsschutz

24 Siehe beispielsweise: https://www.facebook.com/hallomeinung/posts/256818432376912
https://www.lausitzer-allgemeine-zeitung.org/wie-durch-steuergeld-der-terror-gefoerdert-wird

25 https://www.merkur.de/bayern/coronavirus-bayern-markus-soeder-kritik-friedrich-puerner-gesundheitsamt-strategie-strafe-beamter-zr-13922061.html

26 Remonstrationspflicht bedeutet: Ein Beamter ist laut Bundesbeamtengesetz verpflichtet, Einspruch gegen eine Anweisung seines Vorgesetzten zu erheben, wenn er Bedenken gegen die Rechtmäßigkeit der dienstlichen Anweisung hat (siehe § 63 BBG).

27 https://impf-info.de/puerner.html

28 https://www.pnp.de/lokales/stadt-und-landkreis-pas-sau/passau-stadt/Klinikum-distanziert-sich-von-sei-ner-Hygienikerin-3836110.html

29 https://www.haz.de/Hannover/Aus-der-Stadt/Poli-zei-Hannover-ueberprueft-Beamten-wegen-Teilnah-me-an-Corona-Demo

30 https://www.nordbayern.de/region/weissenburg/re-den-auf-corona-demos-weissenburger-polizist-suspen-diert-1.10574815

31 https://www1.wdr.de/nachrichten/bundesaerztekam-mer-praesident-reinhardt-masken-100.html

32 Westfalen-Blatt vom 3. November 2020, S. 1

33 https://www.mmnews.de/politik/154586-spahn-rech-net-den-ganzen-winter-mit-corona-einschraenkungen

34 https://www.n-tv.de/politik/Altmaier-sieht-Einschraenkun-gen-ueber-Monate-article22169513.html

35 https://www.youtube.com/watch?v=V60Jnx-Gu21/https://twitter.com/spiegelanti/sta-tus/1256675563147853824

36 https://www.horizont.net/medien/nachrichten/digitali-sierung-statt-zustellfoederung-bundesregierung-will-ver-lage-mit-220-millionen-euro-foerdern-184062

37 www.n23.tv/bundesregierung-finanzierte-medienunter-nehmen-mit-mehr-als-200-millionen-euro/

38 Eberhard Kleina, Der Genderwahn, wie eine unsinnige Ideologie uns umerziehen und beherrschen will, Licht-zeichen-Verlag Lage, 2. Aufl. 2019, S. 43f

39 Eberhard Kleina, Der Islam, wie ihn liberale Theologen verstehen.... und was die Bibel dazu sagt, Arbeitsge-meinschaft Weltanschauungsfragen e.V., Lage, 1. Aufl., 2020

40 Stefan Schubert, Die Destabilisierung Deutschlands, Kopp-Verlag, Rottenburg, 1. Aufl. 2018

41 Eberhard Kleina, Der islamische Antisemitismus, Tabu im multikulturellen Westen, Lichtzeichen-Verlag Lage, 1. Aufl. 2019

42 Eberhard Kleina, Frauen im Islam und ihre von Allah erlaubte Unterdrückung, Lichtzeichen-Verlag Lage, 1. Aufl. 2019

43 Interview mit der Regionalzeitung „Neue Westfälische" am 21. August 2020

44 https://www.bundestag.de/dokumente/text-archiv/2020/kw44-de-untersuchungsaus-schuss-sars-cov-2-798196

45 https://www.journalistenwatch.com/2020/11/18/der-staat-pandemie/

Eberhard Kleina

Immer fremder im eigenen Land
Islamisierung unserer deutschen Heimat

Wer heute als Christ zum Islam etwas anderes sagt, als es Regierung und Kirche erwarten, steht unter Generalverdacht. Er wird verdächtigt, gegen Menschen zu sein, die einen anderen Glauben haben. Gerade auch deshalb ist es dem Autor des Buches ein wichtiges Anliegen, in christlichen Gemeinden über den Islam aufzuklären, der seiner Einschätzung nach sehr viel mehr ist als eine Religion. Beispielhaft führt er dem Leser vor Augen, dass es zwischen Islam und Islamismus keinen Unterschied gibt und auf welchen Wegen diese Ideologie Deutschland zu beherrschen versucht.

64 Seiten, Taschenbuch

Bestell-Nr.: 548272   **€ 2,50**

Jetzt bestellen unter: **www.lichtzeichen-shop.com**

Eberhard Kleina

Sie haben die Wahl!
In Verantwortung vor Gott und den Menschen

Es gibt wohl keinen Politiker, der bisher alle seine Wahlversprechen eingehalten hat. Ist das ein Grund, nicht zur Wahl zu gehen? Es gibt keine Partei, die dem Willen Gottes auch nur im Geringsten gerecht werden könnte. Ist das ein Grund, das demokratische Wahlrecht nicht in Anspruch zu nehmen? Auch Christen stehen in der Gefahr, sich als Staatsbürger der Verantwortung für ihr Land, für die Familien, für die Mitmenschen und für die nächste Generation zu entziehen. Wer nicht zur Wahl geht nimmt in Kauf, dass unser Land entweder ein Gender-Deutschland oder ein islamisches Land wird. Wer beides nicht haben will, sollte sich darüber informieren, was diese Ideologien verfolgen und von welchen Parteien sie unterstützt werden. Es stehen immer Alternativen zur Wahl.

60 Seiten, Taschenbuch

Bestell-Nr.: 548306   **€ 2,50**

Jetzt bestellen unter: **www.lichtzeichen-shop.com**

Eberhard Kleina
Der Genderwahn

Wie der Wolf im Schafspelz tritt sie auf. Harmlos erscheinend und zugleich sehr gefährlich. Die Ideologie des Gendermainstreaming. Unter der Flagge vermeintlicher Geschlechtergerechtigkeit will sie jede auf Vater, Mutter und Kindern aufgebaute Gesellschaft zerstören. Wo die Ursachen dafür liegen und wie diese von langer Hand geplante Massenindoktrinierung durch Politik, Wirtschaft, Bildung und Kirche gefördert wird, belegt der Theologe Eberhard Kleina in seinem spannenden Aufsatz. Jede Familie sollte sich dringend mit diesem Thema tiefgründig auseinandersetzen.

108 Seiten, Taschenbuch

Bestell-Nr.: 548349   **€ 3,50**

Jetzt bestellen unter: **www.lichtzeichen-shop.com**

Eberhard Kleina

Der Koran auf dem Prüfstand
Was Christen wissen sollten

Überall in unserem Land schießen Moscheen wie Pilze aus der Erde. Doch viele Christen lassen sich von der Darstellung durch Politik und Medien blenden, es handele sich beim ISLAM um eine reine Religion. Der Autor dieses Büchleins belegt anschaulich und verständlich, welche Bedeutung der KORAN in Wirklichkeit hat und wie die von ihm ausgehende Lehre unsere Gesellschaft unterwandert. Gleichzeitig wird vor Augen geführt, wohin Vergessenheit und Verleugnung des einen wahren Gottes führen, der sich in der Bibel offenbart.

128 Seiten, Taschenbuch

Bestell-Nr.: 548332   **€ 3,50**

Jetzt bestellen unter: **www.lichtzeichen-shop.com**

Eberhard Kleina

Der islamische Antisemitismus
Tabu im multikulturellen Westen

Der Nahost-Konflikt beunruhigt seit Jahrzehnten die Weltpolitik. Eine Lösung ist nicht in Sicht. Wo liegen die Ursachen für Haß, Terror und Kriege um das Land Israel und insbesondere um Jerusalem? Warum wollen Muslime Israel ausradieren und Jerusalem zur Hauptstadt „Palästinas" machen? Dieser Antisemitismus ist durch die islamische Einwanderung auch in einer großen Welle nach Europa und Deutschland gelangt. Nach dem Holocaust ist es besonders irritierend, daß sehr viele Muslime Hitler verehren. Gleichwohl ist der islamische Antisemitismus bei uns in Politik und Gesllschaft weithin ein Tabu. Der Autor beschäftigt sich mit den Wurzeln und Auswirkungen der Judenfeindschaft in Deutschland und mit der Rolle Israels im Heilsplan Gottes für die von ihm abgefallene Welt.

96 Seiten, Taschenbuch

Bestell-Nr.: 548389   **€ 3,50**

Jetzt bestellen unter: **www.lichtzeichen-shop.com**

Eberhard Kleina

Frauen im Islam

Was denken und glauben Moslems? Was wissen wir über diese Menschen? Sind ihre Wertvorstellungen vereinbar mit unserer Kultur? Der Autor beschäftigt sich exemplarisch mit der Rolle und dem Status der Frauen im Islam. Was sagen Glaubensschriften wie der Koran oder die Hadithe über Frauen? Wie sieht das Verhältnis zwischen Mann und Frau aus im Islam?

71 Seiten, Taschenbuch

Bestell-Nr.: 548396   **€ 3,50**

Jetzt bestellen unter: **www.lichtzeichen-shop.com**

Eberhard Kleina

Deutschland - ein Einwanderungsland?

Millionen Menschen aus dem Nahen Osten und aus Afrika sind seit 2015 nach Deutschland gekommen. Ein Ende des Zustroms ist nicht absehbar. Politik, Medien und Kirchen sprechen übereinstimmend von „Flüchtlingen", die vor Krieg, Not und Verfolgung Schutz suchten...

136 Seiten, Taschenbuch

548426   **€ 3,50**